NOTICE

SUR LA

Chambre de Commerce de Paris

2, Place de la Bourse

1926

NOTICE

SUR LA

Chambre de Commerce de Paris

2, Place de la Bourse

1926

En raison de sa situation dans la Capitale le Commerce de Paris, qui se trouvait, soit par ses députés, soit par l'organe de ses juges et consuls, en relations constantes avec les Conseils de Commerce institués auprès du Pouvoir royal dès 1601 et avec le Bureau du Commerce qui leur succéda en 1722, n'eut pas, avant la Révolution, de corps élu pour le représenter spécialement. La Chambre de Commerce de Paris a été créée à la suite de l'arrêté du 3 nivôse an XI réorganisant les Chambres de Commerce supprimées par la Constituante en 1791. Elle fut instituée par un arrêté du 6 ventôse an XI (25 février 1803). Sa circonscription s'étend, en dehors de la Capitale, au département de la Seine tout entier et le nombre de ses ressortissants atteignait, en 1925, 249.543 patentés, dont 177.635 pour la Ville de Paris.

L'importance des intérêts qu'elle représente a fait porter le nombre de ses membres de 21 à 36 (décret du 2 décembre 1889), puis à 40 (loi du 19 février 1908 et décret du 11 août 1908).

En France, les Chambres de Commerce tiennent actuellement leur statut juridique d'une loi spéciale, la loi du 9 avril 1898, qui leur confère le caractère d'établissements publics et en fait les organes officiels du commerce et de l'industrie; à ce titre, ces Compagnies appartiennent aux cadres de l'organisation administrative du Pays. Leur mode de recrutement, modifié à plusieurs reprises depuis l'origine, repose sur l'élection. Depuis la loi du 19 février 1908, le collège électoral comprend tous les patentés de la circonscription.

En même temps que les Chambres de Commerce sont légalement appelées à donner au Gouvernement les avis et renseignements qui leur sont demandés et à « présenter leurs vues sur les moyens d'accroître la prospérité de l'industrie et du commerce », ce qui comporte, de leur part, l'étude suivie et la connaissance de tous les faits économiques ainsi que des lois et règlements applicables au commerce et à l'industrie, elles sont investies du droit de pourvoir à « l'exécution des travaux et à l'administration des Services nécessaires aux intérêts dont elles ont la garde ».

Pour remplir dans les meilleures conditions de compétence et de continuité de vues la double mission qui lui incombe, comme organe du commerce et de l'industrie, d'une part, et comme organe administratif chargé de nombreux Services, d'autre part, la Chambre de Commerce de Paris a constitué dans son sein un certain nombre de Commissions qui se divisent en deux grandes catégories ainsi réparties :

COMMISSIONS D'ÉTUDES : Douanes et Questions économiques — Voies et Moyens de Communication — Législation, Questions financières et fiscales — Exportation — Enseignement commercial — Apprentissage — Port de Paris.

COMMISSIONS ADMINISTRATIVES : Finances — Bibliothèque — Inspection des Bâtiments — Hôtel de la Chambre de Commerce — Réceptions — Bourse de Commerce — Condition des Soies et Laines — Banc d'Epreuve des armes à feu — Entrepôts — Exploitation de l'outillage des ports — École des Hautes Etudes Commerciales — Ecole de Haut Enseignement Commercial pour les Jeunes Filles — Ecole supérieure pratique de Commerce et d'Industrie — Ecole commerciale de la Rive droite — Ecole commerciale de la Rive gauche — Ecole commerciale de Jeunes Filles — Ateliers-Écoles préparatoires à l'apprentissage.

Chacune des Commissions d'études examine les questions de sa compétence et élabore des rapports qui sont discutés ensuite par la Chambre de Commerce en assemblée générale.

Les Commissions administratives correspondent aux différents Établissements que la Chambre de Commerce a créés ; elles administrent ces divers Services dans l'intérêt du commerce et de l'industrie, et, dans un rapport annuel, rendent compte de leur gestion.

Présidents
de la Chambre de Commerce
de Paris

De 1803 à 1926.

MM. Vignon, 17 germinal an XI (7 avril 1803) — 12 mai 1807.

Dupont de Nemours, 13 mai 1807 — 1er mai 1810.

Laffitte, 2 mai 1810 — 14 mai 1811.

Hottinguer, 15 mai 1811 — 20 avril 1813.

Barthélemy, 21 avril 1813 — 30 avril 1814.

Martin Puech, 1er juin 1814 — 16 mai 1815.

Cordier, 17 mai 1815 — 23 avril 1816.

Flory, 24 avril 1816 — 1er avril 1817.

Barthélemy, 2 avril 1817 — 4 mai 1819.

Odier, 5 mai 1819 — 29 mai 1821.

Delessert (F.), 30 mai 1821 — 23 avril 1822.

Odier, 24 avril 1822 — 29 juin 1825.

Delessert (F.), 30 juin 1825 — 2 mai 1826.

Lefebvre, 3 mai 1826 — 13 mai 1828.

Delessert (F.), 14 mai 1828 — 27 avril 1830.

Lefebvre, 28 avril 1830 — 15 mai 1832.

Delessert (F.), 16 mai 1832 — 24 décembre 1838.

Cottier, 25 déc. 1838 — 29 déc. 1840.

Aubé, 30 déc. 1840 — 23 déc. 1845.

Legentil, 24 déc. 1845 — 21 nov. 1855.

Germain-Thibaut, 22 novembre 1855 — 13 avril 1859.

MM. DAVILLIER (H.), 14 avril 1859 — 10 juillet 1867.

DENIÈRE, 11 juillet 1867 — 19 novembre 1872.

GOUIN, 20 novembre 1872 — 16 janvier 1877.

HOUETTE, 17 janvier 1877 — 7 janvier 1879.

GUIBAL, 8 janvier 1879 — 25 janvier 1881.

ROY (G.), 26 janvier 1881 — 8 janvier 1883.

DIETZ-MONIN, 9 janv. 1883 — 11 janv. 1887.

POIRRIER, 12 janvier 1887 — 13 janvier 1890.

COUSTÉ, 14 janvier 1890 — 10 janvier 1893.

DELAUNAY-BELLEVILLE, 11 janvier 1893 — 11 janvier 1898.

MASSON (G.), 12 janvier 1898 — 6 juin 1900.

MOISANT, 22 juin 1900 — 15 janvier 1901.

FUMOUZE, 16 janvier 1901 — 13 janvier 1903.

DERODE, 14 janvier 1903 — 17 janvier 1905.

LESIEUR, 18 janvier 1905 — 15 janvier 1907.

DUBRUJEAUD, 16 janvier 1907 — 12 janvier 1909.

LEFEBVRE (G.), 13 janvier 1909 — 24 avril 1909.

MONDUIT, 12 mai 1909 — 11 novembre 1909.

KESTER, 12 novembre 1909 — 18 janvier 1911.

LEGRAND (Charles), 19 janvier 1911 — 17 janvier 1913.

DAVID-MENNET, 18 janvier 1913 — 13 novembre 1918.

DE RIBES-CHRISTOFLE, 4 décembre 1918 — 21 février 1919.

PASCALIS, 12 mars 1919 — 10 janvier 1922.

ROGER, 11 janvier 1922 — 8 janvier 1924.

KEMPF (Paul), 9 janvier 1924 —

Bureau
et
Membres en Exercice

MM. Kempf (Paul), C. ✻, *Président;*
Baudet (André), ✻, *Vice-Président;*
Lemy (Pierre), ✻, *Vice-Président;*
Bertaut (André), ✻, ✠, *Secrétaire;*
Bouché (Eugène), ✻, *Secrétaire;*
Sébastien (Louis), ✻, *Trésorier.*

Belin (Paul), ✻.
Bellard (Paul), C. ✻,
Borderel (J.), O. ✻.
Boucheron (L.), O. ✻.
Brizon (G.), O. ✻.
Contenot (G.), O. ✻, ✠.
Corby (Th.), C. ✻.
Couvreur (Jules).
Dechavanne (H.), O. ✻.
Defert (L.), ✻.
Delaunay - Belleville (Robert), O. ✻.
Douane (L.), C. ✻.
Duchemin (R.), O. ✻.
Félix (Gabriel), ✻.
Fournier (Pierre), ✻, ✠.
Gaillard (Henri), O. ✻.
Gailliard (Georges), ✻.
Garnier (H.), ✻.
Iung (Ch.), O. ✻.
Lavaud (Ch.), ✻.
Lœbnitz (J.), C. ✻.
Machart (M.), O. ✻, ✠.
Marcilhacy (Léon), ✻.
Maréchal (Victor), ✻.
Margot (M.), G.O. ✻.
Masse (R.), C. ✻.
Petiet (B[on]), O. ✻.
Pichot (Henri), O. ✻.
Soury (A.), ✻.
Speyer (Ch.), O. ✻, ✠.
Tardieu (J.), ✻.
Templier (P.), O. ✻.
Thévenot (H.).
Villeminot (L.), O. ✻.

Services ayant fonctionné pendant la Guerre

Durant toute la guerre les Pouvoirs publics eurent à se préoccuper des mesures à prendre pour remédier aux troubles économiques qui en résultaient, et qui, dans l'agglomération parisienne, risquaient d'avoir les conséquences les plus graves au point de vue de l'ordre public et de la défense nationale. Ils furent ainsi amenés à solliciter le concours de la Chambre de Commerce de Paris.

Le 7 août 1914, désireuse de remédier, dans la mesure du possible, à la rareté de la monnaie divisionnaire qui se fit sentir dès le début des hostilités, la Chambre de Commerce sollicitait l'autorisation de procéder à une émission de *bons de monnaie*; mise en œuvre après approbation des Pouvoirs publics, cette émission fut détruite en entier, en raison de la marche des Allemands sur Paris, en septembre. Elle fut reprise aussitôt après la guerre, en juin 1920.

En septembre 1914, le Ministère de la Guerre chargea la Chambre de Commerce de procéder à la répartition des *sucres* aux commerçants et industriels fabricants de produits alimentaires dans lesquels entrait cette matière première. Ce Service prit fin en juillet 1916.

D'avril à septembre 1915 la Chambre de Commerce eut mission d'effectuer la répartition des *draps militaires*, et, pendant le fonctionnement du régime de contingentement des *tissus étrangers* (de septembre 1917 au mois d'août 1919) elle délivra les *licences d'importation*.

En même temps, elle collaborait, avec le Parquet de la Seine et la Préfecture de police, à la *mise sous séquestre* des maisons allemandes et autrichiennes ainsi qu'à l'installation, dans les dépendances de son Hôtel, d'un Musée de produits allemands.

A la demande de la Banque de France, elle installa dans son Hôtel, où se trouvait déjà le *Comité du Soldat*, le *Comité National de l'Or et des Bons de la Défense Nationale* qui, à partir de juin 1916, fonctionna avec sa collaboration et celle des Comités régionaux organisés dans toute la France.

En 1917, à la demande du Ministère de l'Armement, elle instituait un *Service des Charbons* (Bureau des Charbons commerciaux et industriels) pour répartir les charbons aux industriels et aux commerçants de sa circonscription. Cet organisme, qui ne devait avoir normalement qu'à pourvoir à la répartition des charbons au grand commerce et à la grande industrie, dut, en plus, assumer, aux lieu et place de la Préfecture de la Seine, la répartition des charbons au moyen commerce et à la moyenne industrie, ce qui eut pour effet d'augmenter considérablement l'importance de ses attributions.

Pour ces Services exceptionnels, la Chambre de Commerce, investie d'une mission qu'elle devait remplir sous la direction et le contrôle des diverses autorités administratives chargées de les organiser, ne put suivre les règles qu'elle s'impose pour les Services placés sous son autorité immédiate et exclusive, et il en est résulté une situation toute particulière qui ne fut pas sans présenter de sérieuses difficultés. Mais la Chambre de Commerce estima qu'en raison des circonstances elle ne pouvait refuser les concours qui lui étaient demandés, et qu'elle devait les donner sans réserve.

Enfin, il y a lieu de mentionner la publication, par la Chambre de Commerce, à dater du 15 décembre 1914, — sous le titre « Documents sur la guerre. Bulletin d'Information », — d'un Bulletin international dont le but était de répondre aux nombreuses feuilles répandues par l'Allemagne dans tous les pays du monde, en vue de faire échec à l'influence française. Traduite en anglais, italien, espagnol, portugais et allemand, cette publication, qui avait reçu l'approbation unanime des Chambres syndicales, a été l'objet d'une très large diffusion.

Services Intérieurs

23, rue Notre-Dame-des-Victoires.

La situation particulière de la Chambre de Commerce de Paris, organe représentatif du commerce et de l'industrie de la Capitale, l'importance et le nombre des Établissements dont elle assure la gestion ainsi que la diversité des Services mis par elle à la disposition de ses commettants, nécessitent l'existence, à son siège central, d'organes administratifs susceptibles de répondre à ces diverses exigences. Ces Services, dont on trouvera la description ci-après, sont placés sous l'autorité du Directeur général.

SECRÉTARIAT GÉNÉRAL. — Ce Service assure la correspondance générale (relations avec les Pouvoirs publics, les Chambres de Commerce, les Groupements et Associations économiques, les nombreux négociants français ou étrangers qui s'adressent à la Chambre pour obtenir des renseignements).

Le Secrétariat général est également chargé de la convocation et de la préparation des réunions du Bureau, des Commissions et des Séances générales; de celle des conférences, réceptions et missions organisées par la Chambre de Commerce; de la rédaction et de l'impression des procès-verbaux, de l'impression des rapports et de celle de tous les documents de la Chambre de Commerce. Par ses soins, et sous le contrôle du Bureau et du Comité de Rédaction du Bulletin, sont, notamment, imprimés: le *Compte rendu sommaire* des séances générales de la Chambre dont envoi est fait à toutes les Chambres syndicales, le *Bulletin* (bi-mensuel) donnant, en dehors des rapports de la Chambre, tous les documents législatifs ou réglementaires intéressant le commerce et l'industrie, et, chaque année, un *Recueil* où prennent place, à côté des travaux des Commissions d'études, les rapports élaborés par les Commissions administratives sur les Établissements et Services que la Chambre de Commerce a créés ou dont elle a la gestion.

SERVICE DES ÉTUDES. — Est chargé de rassembler et de tenir à jour une documentation générale sur les faits économiques et les questions d'ordre juridique touchant aux intérêts du Commerce et de l'Industrie. Il prépare et facilite, ainsi, les travaux des Commissions d'études et fournit des renseignements aux correspondants de la Chambre de Commerce tant de la France que de l'étranger.

Service des renseignements. — Donne gratuitement au public des indications d'ordre pratique sur les questions les plus diverses : législation commerciale et fiscale, régime douanier français, conventions commerciales, régime des voyageurs de commerce et de leurs échantillons, établissement des factures consulaires, etc...

Il est, en même temps, chargé de la délivrance des *Certificats d'origine* qui, dans de nombreux cas, doivent accompagner les marchandises françaises exportées dans les pays leur réservant un tarif de faveur, ainsi que des *Cartes de légitimation* pour les commerçants français, ou leurs représentants, qui vont recueillir des commandes dans certains pays. Il vise les attestations nécessaires pour l'obtention, par les *Voyageurs et Représentants de Commerce* : de la « carte d'identité professionnelle » instituée par la loi du 8 octobre 1919, et de la carte de circulation à demi-tarif sur les chemins de fer.

Matériel et batiments. — L'importance du domaine immobilier de la Chambre a rendu nécessaire la création d'un Service spécial qui, sous le contrôle des Commissions de l'Hôtel et des Bâtiments, s'occupe des immeubles ainsi que des fournitures intéressant les divers Services.

Service de la comptabilité. — Centralise la comptabilité de tous les Services de la Chambre de Commerce, vérifie leurs recettes et dépenses et effectue les diverses opérations de Trésorerie. Il prépare, en outre, les comptes et budgets annuels qui, après adoption par l'assemblée générale, sont, par l'intermédiaire de la Préfecture de la Seine, soumis à l'approbation ministérielle et donnent ensuite lieu à la perception de l'impôt spécial aux Chambres de Commerce.

Service des devises. — Installé le 26 mars 1924, en application de l'article 72 de la loi du 22 mars 1924, ce Service fonctionne, pour la circonscription, conformément à l'article 2 de la loi du 3 avril 1918, aux arrêtés ministériels des 25 mars 1924 et 14 octobre 1925 et aux circulaires ministérielles des 14 avril et 31 mai 1924.

Par ses soins les déclarations écrites, faites aux banques, par les importateurs de marchandises en France et aux Colonies, sont, s'il y a lieu, revêtues d'un avis favorable.

Enfin, ce Service vérifie les dépenses de rapatriement de capitaux ou de conversion en francs relatives aux fonds que les exportateurs justifient avoir utilisés au règlement, à l'étranger, des frais de leurs établissements d'achat ou de vente à l'étranger, des frais de transport, de manutention, d'assurance et de douane.

Office des transports. — Cet organe intérieur de renseignements et d'études est chargé d'instruire les affaires relatives aux transports par fer et par eau : propositions de tarifs de chemins de fer; — projets de loi, décrets ou arrêtés concernant les transports; — délibérations relatives aux transports communiquées par les Chambres de Commerce ou les organisations économiques; — réclamations ou demandes d'intervention adressées à la Chambre par ses ressortissants au sujet des questions de transports d'intérêt général.

Il fonctionne sous l'autorité d'un Comité Directeur composé de huit membres de la Chambre, dont un des membres du Bureau faisant fonction de Président.

L'Office est adhérent à l' « Union des Offices de Transports » qui groupe, en vue de réaliser l'unité des vues et la concordance des moyens d'action, les Offices de Transports régionaux constitués par les Chambres de Commerce.

Service de la Bibliothèque.

2, place de la Bourse.

Pour permettre à ses membres la consultation facile des ouvrages utiles à la rédaction de leurs rapports et assurer la documentation de ses divers Services, la Chambre de Commerce a créé une Bibliothèque dont elle fait bénéficier ses ressortissants, comme aussi toutes les personnes qui s'intéressent aux questions commerciales et économiques.

Le fonds comprend, actuellement, 28.000 ouvrages qui forment plus de 65.000 volumes ou fascicules et est constamment tenu à jour au moyen d'acquisitions nouvelles; environ 600 journaux, revues ou périodiques sont reçus régulièrement. Ces ouvrages ou publications sont consacrés principalement au commerce, à la géographie commerciale, à l'économie politique et sociale, à la législation fiscale et douanière, au droit commercial, industriel et ouvrier et aussi à l'Histoire de Paris et des Corporations.

Un Catalogue méthodique, édité en 1913 et tenu à jour par des suppléments parus en 1922 et 1925 et, depuis lors, par des fiches, facilite les recherches bibliographiques et permet de réunir rapidement la documentation désirée. Le *Bulletin* de la Chambre de Commerce publie mensuellement la liste des ouvrages entrés.

La Salle de lecture est ouverte de 10 heures à midi et de 13 heures à 17 heures 1/2. Les lecteurs y sont admis sur la présentation d'une carte d'entrée délivrée sur demande motivée adressée à la Chambre de Commerce.

Au Service de la Bibliothèque sont rattachés ceux des Archives et du Casier parlementaire. Ce dernier groupe, dans des dossiers constitués suivant un plan méthodique, les documents parlementaires et les textes législatifs, postérieurs à 1871, susceptibles d'être utilisés pour les travaux de la Chambre de Commerce.

Enseignement Commercial et Industriel Apprentissage

La Chambre de Commerce de Paris a réalisé l'organisation d'un *Enseignement commercial* complet en créant six Écoles et des cours gratuits du soir.

D'autre part, préoccupée d'apporter une collaboration active à l'organisation de l'*Apprentissage* dans la Région Parisienne, la Chambre de Commerce a créé des « Ateliers-Écoles préparatoires à l'Apprentissage », dont le but est d'orienter pratiquement les enfants vers une profession conforme à leurs goûts et à leurs aptitudes.

En même temps qu'elle développe ses créations personnelles, la Chambre de Commerce encourage toutes les initiatives intéressantes susceptibles de développer dans sa circonscription les faces les plus diverses de l'Apprentissage, notamment en facilitant aux Syndicats professionnels la possibilité d'organiser ou même de créer des œuvres d'apprentissage.

École des Hautes Études Commerciales

Fondée en 1881

Reconnue par l'État (Décret du 22 juillet 1890).

43, rue de Tocqueville; 108, boulevard Malesherbes.

L'École des Hautes Études Commerciales a été créée, en 1881, par la Chambre de Commerce de Paris pour être, suivant l'expression d'un de ses fondateurs, « l'École Centrale du Commerce », c'est-à-dire la pépinière des jeunes gens appelés plus tard à diriger les grandes affaires commerciales, industrielles ou financières.

Dès les premières années de son existence, cette École a largement répondu à de tels espoirs, et, par la suite, a toujours conservé son caractère de Haut Établissement commercial, tant par la nature particulière du recrutement de ses élèves que par le choix de ses professeurs et le niveau élevé de ses cours.

Pendant de nombreuses années, l'École des Hautes Études Commerciales ne comprenait que les « Cours normaux » destinés aux jeunes gens sortant de l'enseignement secondaire; puis successivement ont été créés, comme cours annexes, une *Section diplomatique* pour la préparation aux *Carrières diplomatique et consulaire*, des *Cours du soir pour les Administrateurs, Industriels et Commerçants,* une *Académie commerciale pour les Etudiants étrangers,* des *Cours du soir pour la Formation commerciale des Ingénieurs,* enfin un *Enseignement spécial destiné aux Officiers stagiaires de l'Intendance.*

Tous ces cours fonctionnent avec un succès croissant d'année en année, si bien que l'on peut considérer actuellement l'École des Hautes Études Commerciales comme un centre d'Études supérieures pour tous ceux qui, quelles que soient leur origine ou leur situation, désirent acquérir une haute culture économique, juridique et commerciale.

L'admission aux Cours normaux a lieu uniquement par voie de concours et la durée des études est de deux ans.

Un diplôme, signé par le Sous-Secrétaire d'État de l'Enseignement technique, est délivré à la sortie aux élèves ayant obtenu au moins une moyenne de 13 sur 20 pour l'ensemble des notes de toute la scolarité.

L'Association des Anciens élèves s'occupe avec succès du placement de ses adhérents, à la sortie.

L'Académie commerciale pour Étudiants étrangers constitue un enseignement, dont l'équivalent n'existe ni en France, ni à l'étranger; c'est une véritable Université commerciale, réservée uniquement aux étudiants étrangers qui sortent de l'enseignement secondaire ou supérieur dans leur pays d'origine. Cette Académie commerciale permet aussi de donner aux étrangers une idée exacte de la culture française, ainsi que des méthodes commerciales de la France.

ÉCOLE DE HAUT ENSEIGNEMENT COMMERCIAL POUR LES JEUNES FILLES

Fondée en 1916.

Reconnue par l'État (Décret du 30 juin 1925).

Cette École, fondée en 1916 pour permettre aux jeunes filles l'accès de situations commerciales d'un ordre supérieur, a été reprise par la Chambre de Commerce en 1924 et installée 15, rue Mayet, dans un immeuble lui appartenant.

Pour y entrer, les Jeunes Filles doivent posséder le Baccalauréat, le Brevet Supérieur ou le Diplôme de fin d'études secondaires; sinon, elles subissent un examen d'admission d'un niveau équivalent.

Les cours sont faits par des professeurs des diverses Facultés. On y enseigne : la comptabilité basée sur de sérieuses études mathématiques; les mathématiques commerciales et financières; le droit civil, administratif et commercial; l'économie politique; la géographie économique; une langue étrangère au choix; la technologie des matières premières; l'indispensable sténo-dactylographie; enfin, et surtout, les connaissances nécessaires pour remplir les fonctions de Secrétaire. Les jeunes filles de l'École sont entraînées aux enquêtes, à la rédaction des rapports, à l'esprit de méthode, au dépouillement et à la répartition du courrier dans les différents services, etc.

A sa fondation, en 1916, l'École comptait 17 élèves; leur nombre est actuellement de 140.

École Supérieure Pratique de Commerce et d'Industrie

Fondée en 1820.

Reconnue par l'État (Décret du 22 juillet 1890)

79, avenue de la République.

Fondée en 1820 par une Société de banquiers, de négociants, de savants et de hauts fonctionnaires, rachetée en 1869 par la Chambre de Commerce, l'École fut transférée en 1898 de la rue Amelot à l'avenue de la République. En 1905, grâce au concours de l'État et de la Ville de Paris, la Chambre de Commerce y a réalisé une installation matérielle de premier ordre et instauré des méthodes d'enseignement éprouvées.

Le 1er janvier 1913, aux cours normaux une *Section* spéciale a été ajoutée pour la préparation aux *Affaires coloniales* et, en octobre 1916, une *Section de l'Industrie Hôtelière* destinée à recruter un État-Major français pour la direction des grands hôtels de notre pays.

L'École Supérieure de Commerce prépare les jeunes gens aux emplois les plus importants du Commerce, de l'Industrie, de la Banque, des Colonies et de l'Industrie Hôtelière.

Son enseignement comprend deux cycles :

Le premier, de trois années d'études commerciales pratiques, pour les jeunes gens de treize à dix-sept ans désireux d'entrer de bonne heure dans les affaires ;

Le deuxième, de deux années d'études supérieures, pour les jeunes gens âgés d'au moins seize ans, ayant fait de solides études secondaires ou ayant reçu l'enseignement du premier cycle.

Le deuxième cycle se recrute uniquement par voie de concours.

A la suite des examens de troisième année du premier cycle, sont délivrés :

Un brevet ou un certificat d'études commerciales secondaires, suivant que les élèves ont obtenu une moyenne générale de 12 ou de 10 sur 20.

Les élèves du deuxième cycle reçoivent, à leur sortie, le Diplôme supérieur d'État ou un certificat supérieur d'études, suivant qu'ils ont obtenu une moyenne générale de 13 ou de 12 sur 20

Les élèves français du deuxième cycle suivent les cours de préparation militaire du 3e degré en vue d'obtenir le grade d'officier de réserve (Décret du 21 septembre 1923).

Les élèves munis du Diplôme supérieur et reçus au concours du Brevet de Préparation militaire du 3e degré, font six mois de service à l'Ecole Spéciale Militaire de Saint-Cyr ou à l'Ecole de Saint-Maixent. Après ces 6 mois, s'ils sont reçus au concours d'Officiers de réserve, ils terminent en cette qualité leur année de service actif.

L'École qui compte actuellement plus de 700

élèves, reçoit des internes, des demi-pensionnaires et des externes. L'éducation physique y est enseignée et est obligatoire pour tous les élèves.

École Commerciale de la Rive Droite

Fondée en 1863

39, avenue Trudaine.

École Commerciale de la Rive Gauche

Fondée en 1908

3, rue Armand-Moisant (22, boulevard de Vaugirard).

Ces deux Ecoles, dont l'organisation des études est conçue d'après les mêmes méthodes, ont pour but de donner l'enseignement spécial nécessaire aux jeunes gens se destinant aux diverses carrières du Commerce, de la Banque et des Administrations. Externats, comportant une demi-pension facultative, les élèves y sont admis de 9 à 12 ans, dans les Cours préparatoires, et de 13 à 16 ans, dans les Cours normaux.

L'État, le Département, la Ville, la Chambre de Commerce, les Compagnies de Chemins de fer, la Banque de France et les Établissements de crédit, de nombreuses sociétés, et même des particuliers entretiennent dans les deux Écoles de nombreuses bourses.

Les Cours préparatoires reçoivent les enfants trop jeunes ou trop peu avancés pour suivre avec fruit les Cours normaux.

Ceux-ci, qui constituent l'École commerciale proprement dite, sont répartis sur trois années d'études. Une part assez grande y a été laissée, dans la première année, aux facultés d'enseignement général. L'étude, ou pour mieux dire, la revision de ces matières facilite l'enseignement de l'arithmétique commerciale, de la comptabilité, de la tenue des livres, de la correspondance, de la géographie économique, des éléments du droit usuel et commercial, de la sténographie, de la dactylographie, de toutes les facultés, en un mot, dont la connaissance est utile à de futurs collaborateurs du commerçant.

Les langues étrangères sont enseignées dans les deux Écoles; tous les élèves y apprennent obligatoirement l'anglais; pour la deuxième langue, également obligatoire, les familles ont le choix entre l'allemand et l'espagnol.

Le personnel enseignant se divise en professeurs spéciaux, et en professeurs généraux. En dehors des cours qu'ils professent eux-mêmes, ceux-ci suivent leurs élèves dans tous les autres exercices de la classe en y maintenant un contrôle moral et disciplinaire permanent : c'est une sorte de préceptorat appliqué à l'enseignement collectif.

Les examens de fins d'études ont pour sanctions des diplômes décernés aux élèves ayant obtenu la moyenne générale 12 sur 20 et des certificats délivrés à ceux dont la moyenne est inférieure à 12 et supérieure à 10.

L'effectif de l'École de l'avenue Trudaine est de 761 élèves, celui de l'École de la Rive gauche, de 326.

École Commerciale de Jeunes Filles

Fondée en 1916

38, rue de Naples,

Cette École permet aux jeunes filles, tout en développant leurs connaissances générales, de suivre un enseignement spécial propre à leur faciliter l'accès d'emplois dans le Commerce, l'Industrie, les Banques et l'Administration. Elle reçoit, à toute époque de l'année, des externes et des demi-pensionnaires.

Un *Cours préparatoire* existe pour les élèves non en état de suivre le programme. Les *Cours Normaux*, d'une durée de trois ans, comprennent, en dehors d'un enseignement général, l'étude de la comptabilité, de la sténographie et de la dactylographie; l'anglais est obligatoire et une deuxième langue est laissée au choix des élèves entre l'allemand et l'espagnol. En troisième année, les élèves ont la faculté de se spécialiser en choisissant une des trois Sections suivantes : Section « Normale »; — Section « Commerciale »; — Section « Secrétariat ».

A côté des Cours Normaux, il a été créé des *Cours Supérieurs*, d'une durée de deux années, pour les élèves n'ayant aucune notion d'enseignement commercial, et d'un an pour les élèves diplômées de l'École.

Des Bourses sont entretenues à l'École par l'État, la Ville de Paris, la Chambre de Commerce, des Chambres Syndicales, des Banques et diverses Administrations.

Les études de troisième année et des Cours Supérieurs sont sanctionnées par un diplôme ou un certificat selon le nombre de points obtenus.

L'effectif de l'École dépasse actuellement 200 élèves.

Cours Commerciaux gratuits du Soir

La Chambre de Commerce assure, dans trois de ses Écoles, des Cours commerciaux du soir. Ces Cours sont gratuits; ils sont destinés aux adultes hommes, à l'École supérieure de l'avenue de la République et à l'École de l'avenue Trudaine, et aux adultes femmes à l'École Supérieure et à l'École Commerciale de la rue de Naples.

Pour les auditeurs hommes, les programmes comprennent : l'étude des langues française, anglaise et allemande (l'espagnol à l'avenue Trudaine), l'arithmétique, la comptabilité, la correspondance commerciale, la sténographie et la dactylographie.

Quant aux jeunes filles inscrites à la rue de Naples et à l'avenue de la République elles sont tenues de suivre tous les enseignements de la Section à laquelle elles appartiennent.

Les programmes, répartis sur deux années, comprennent : l'arithmétique, la comptabilité et la tenue des livres, les langues française et anglaise, la calligraphie et le droit commercial, la correspondance commerciale, la sténographie et la dactylographie.

ATELIERS-ÉCOLES PRÉPARATOIRES A L'APPRENTISSAGE

Direction générale :

23, rue Notre-Dame-des-Victoires.

La Chambre de Commerce a mis au premier rang de ses préoccupations le développement de l'apprentissage dans la région parisienne.

Dans ce but elle a institué une *Commission Supérieure de l'apprentissage* qui, dotée d'un budget important, est chargée de susciter les initiatives patronales ou ouvrières, de les encourager par des subventions, et de venir en aide dans la même forme aux Offices d'orientation professionnelle, Comités de patronage d'apprentis, etc...

Elle a créé, en outre, les *Ateliers-Écoles préparatoires à l'apprentissage* qui ont pour but de faciliter d'abord aux enfants (garçons et filles) sortant de l'école primaire le choix d'un métier conforme à leurs goûts et aptitudes, de les y préparer ensuite. Ainsi sont déversés chaque année dans le Commerce et l'Industrie des apprentis capables de rendre immédiatement des services très appréciés.

Les enfants commencent par accomplir des stages dans les divers ateliers afin de s'orienter vers le choix d'une profession; puis ils sont spécialisés. Spécialisation qui constitue une préparation directe à l'apprentissage de métiers ayant entre eux certaines affinités.

Tout en poursuivant leur éducation manuelle, les enfants reçoivent un enseignement général, français, calcul, dessin, approprié aux diverses professions.

Des cours de gymnastique favorisent leur développement physique.

Ainsi jeunes gens et jeunes filles reçoivent dans les Ateliers-Écoles la formation manuelle, intellectuelle et physique qui les met dans les conditions les plus favorables pour devenir de bons ouvriers.

Une entente étroite existe avec de nombreuses Chambres syndicales. Les ateliers sont mis à leur disposition pour l'enseignement de leurs professions (cours du jour, cours de mi-temps, cours du soir).

Ces Ateliers-Écoles se répartissent comme suit :

51 bis, rue des Épinettes (17e) (garçons) : Professions de la mécanique et du bâtiment : Mécanique de précision, Ajustage, Ferblanterie, Zinguerie, Plomberie, Menuiserie.

14, rue Volta (3e) (garçons) : Professions de la petite mécanique : Ébénisterie, Ferronnerie d'Art, Bronzes d'art et d'ameublement, Serrurerie, Ajustage, Mécanographie, Automobile, etc.

7, rue Saint-Lambert (15e) (garçons) : Professions du bâtiment : Ferblanterie, Zinguerie, Plomberie, Forge, Ajustage, Serrurerie, Menuiserie, Charpente.

72, rue de Babylone (7e) (garçons et filles) : Industries du vêtement : Coupe et couture, Lingerie, Broderie fine, Broderie sur métier, Mode, Fourrure, Gilet, Repassage, Blanchissage, Apprêtage, Enseignement ménager.

Tailleurs et cordonniers.

12, Place des Vosges (4e) (garçons et filles) : Industries du papier : Papeterie, Cartonnage, Papiers peints, Maroquinerie, Gainerie, Articles de voyage, Sellerie.

47, rue Montmartre (2e) (garçons) : Professions actives du Commerce : Commis de magasin, Vendeurs, Étalagistes (Alimentation, Nouveauté, Quincaillerie).

23, rue Notre-Dame-des-Victoires (2e) (filles) : Employées de magasin : Vendeuses, Étalagistes.

88, rue des Haies (20e) (garçons) : Professions de l'ameublement : Menuiserie, Ébénisterie ; Pianos ; Céramique ; Modelage ; Fonderie.

Le premier Atelier-École a été ouvert au mois de mars 1921 avec 50 élèves. Actuellement les Ateliers-Écoles réunissent environ un millier d'enfants.

Une école d'un degré supérieur, *l'Ecole technique de vente,* actuellement 9, rue Daunou, prépare aux emplois supérieurs du commerce actif.

Cette École comporte : des *Cours pratiques* et des *Cours normaux,* avec sessions de 4 mois ouvertes aux jeunes filles âgées d'au moins 17 ans, ayant une instruction générale ou technique suffisante.

Services Extérieurs

EN dehors de ses œuvres d'enseignement, la Chambre de Commerce de Paris a créé, et elle administre, un certain nombre d'Établissements à l'usage des commerçants et des industriels, et dont l'organisation ne pouvait être laissée à l'initiative privée, l'intérêt général exigeant qu'ils fussent gérés dans des conditions de garanties susceptibles d'inspirer confiance à tous. L'administration de ces différents Services est confiée à des Commissions administratives qui en portent respectivement le nom.

Bourse de Commerce

Rue de Viarmes.

La Bourse de Commerce est le siège officiel des marchés des alcools libres, blés, seigles et avoines, farines, huiles, sucres, riz, caoutchoucs bruts. Elle sert également de lieu de réunion à d'importants groupes de commerçants, d'agriculteurs et de chefs d'industries se rattachant à l'agriculture.

Elle comprend un vaste hall public et un grand nombre de bureaux où sont installés, notamment : la Compagnie des Courtiers assermentés au Tribunal de Commerce de la Seine; le « Syndicat général » qui groupe la plupart des Syndicats ou Associations syndicales opérant leurs transactions à la Bourse de Commerce, des Courtiers et des Commissionnaires.

La Chambre de Commerce a pour mission de veiller au fonctionnement régulier de cette institution; elle exerce son rôle d'administrateur légal par l'intermédiaire d'une Commission dont le secrétariat est installé à la Bourse.

En 1923, la Chambre de Commerce a prêté son concours aux Pouvoirs publics en vue de l'institution, à la Bourse, d'un organisme de contrôle permanent des opérations pratiquées sur les marchés réglementés; ce Service est sous la direction du Ministère du Commerce.

Conditionnement des Soies, Laines, Matières Textiles et Pates a Papiers

Laboratoire de la Chambre de Commerce

23, rue Notre-Dame-des-Victoires.

Le conditionnement a pour but de fixer le poids loyal et marchand à facturer des matières textiles et pâtes à papier, considérées en « bonne condition », c'est-à-dire avec l'humidité normale qui correspond à chaque nature de produit.

Le Service détermine également les caractéristiques de tous les articles textiles : titrage et numérotage des fils, décreusage des soies, dégraissage des laines, évaluation de la torsion des fils, essais de résistance des fils et des tissus.

Le Laboratoire procède à toutes les recherches concernant les matières textiles : détermination de la composition des tissus, comparaison entre type et livraison, fixation des caractéristiques pour répétitions, appréciation de la solidité des teintures à l'usage, etc....

L'analyse des Papiers et Cartons comporte les essais de résistance à la traction et à la perforation, la détermination de l'épaisseur, du poids au mètre carré, la recherche de la composition de la pâte, de l'acidité, du chlore, l'étude de l'encollage, l'évaluation du pouvoir absorbant des buvards, etc....

Enfin le Laboratoire analyse les articles à

dédouaner sur lesquels le Commerce ne possède pas d'indications suffisantes pour établir une déclaration conforme à leur composition.

Banc d'Épreuve des Armes a Feu

1, rue Jules-Gévelot, Ile de Saint-Germain

Issy-les-Moulineaux.

La Chambre de Commerce autorisée, par décret du 7 novembre 1895, à établir un Banc public d'épreuve pour les armes à feu, l'a installé avec le concours de la Chambre syndicale de l'industrie et du commerce des armes et munitions; il est ouvert au public depuis le 1er juillet 1899.

Le Banc, installé provisoirement, 150, route des Moulineaux, à Issy-les-Moulineaux, fut définitivement transféré dans un nouveau local situé sur une partie des terrains militaires de l'Ile de Billancourt, dont l'Administration de la Guerre a concédé la jouissance à la Chambre de Commerce. Cette nouvelle installation, réalisée avec le concours des armuriers de Paris, comprend deux stands, l'un aménagé pour des épreuves de groupement qui donnent lieu à la délivrance de certificats spéciaux, l'autre muni des meilleurs appareils propres à déterminer la vitesse obtenue et la pression développée par les cartouches de chasse.

Le soin avec lequel il est procédé aux essais, suivant des méthodes scientifiquement éprouvées, donne au poinçonnage de Paris une réelle valeur.

Service des Entrepots

Douane centrale

Les Services de la Douane centrale sont installés 11, rue de la Douane. Ils se subdivisent en différents groupes :

Exportation. — Colis expédiés à l'étranger, délivrance de passavants, échantillons de voyageurs.

Réexportation. — Décharges d'admissions temporaires et dégrèvement de droits intérieurs, réexpédition de colis en transit.

Importation. — Colis ayant séjourné dans les gares et mis en dépôt, colis déposés pour des formalités d'admissions temporaires, consignation de droits (échantillons de voyageurs étrangers), colis de vérification délicate ou litigieuse.

Retours. — Marchandises françaises en retour et bénéficiant du régime de faveur les exemptant du paiement des droits.

Importations postales. — Dépôt des colis d'importation postale saisis par la Douane.

Coffres-forts. — Il existe un service de coffres-forts pour les métaux précieux.

Vision des films. — Un local spécial permet la projection et l'examen, avant les opérations de douane, des films venant de l'étranger.

Cabinets-entrepôts. — De nombreux magasins sont aménagés en *Cabinets-entrepôts* et mis à la disposition du Commerce pour y entreposer certaines marchandises autorisées par la Douane. Le vaste bâtiment du quai Valmy vient d'être surélevé de 3 étages pour augmenter le nombre de ces cabinets-entrepôts.

VENTE D'IMPRIMÉS DE DOUANE. — (S'adresser aux guichets de la Chambre de Commerce.)

Un personnel éprouvé assure ces différents services dans l'intérêt des commerçants. Il s'efforce de faciliter les opérations de ces derniers et leurs rapports avec la Douane.

En 1925, il a été fait 55.330 opérations. Il a été manutentionné (tant à l'entrée qu'à la sortie) 398.923 colis représentant un poids de 23 millions 828.000 kilogs et une valeur de 1.056.632.700 fr.

Entrepôts de la Chambre de Commerce.

Les installations actuelles comprennent surtout des Entrepôts réels de douane; certains magasins reçoivent également des marchandises qui ne sont pas sous régime de douane; ainsi, à Saint-Ouen, il existe un dépôt d'alcools.

C'est en 1914 que la Chambre de Commerce a assumé la charge de l'exploitation de l'Entrepôt réel. Elle a été amenée, pour répondre aux besoins, à créer un certain nombre d'entrepôts destinés à desservir la région parisienne. Étant donné les circonstances, elle a dû adopter des solutions provisoires qui sont destinées à être remplacées par des installations modernes, bien outillées, donnant toute satisfaction au Commerce. Tels qu'ils sont actuellement, ces Entrepôts ont pu rendre de nombreux services au Commerce, tout en conservant des tarifs aussi réduits que possible.

Les installations actuelles comprennent les établissements suivants :

Entrepôt d'Austerlitz, 22, quai d'Austerlitz, situé sur la Seine et relié à la voie ferrée, desservant spécialement la région Sud-Est.

Entrepôt de La Villette, 68, quai de Seine, sur le bassin de la Villette, dessert la région Nord-Est.

Entrepôt de Saint-Ouen, 94, boulevard Victor-Hugo, sur le bassin des Docks, relié à la voie ferrée, pour la région Nord-Nord-Ouest.

Entrepôt de la rue Ginoux, 27, rue Ginoux, destiné à recevoir les pelleteries.

Ces divers entrepôts, classés Magasins généraux, délivrent des récépissés-warrants ; il y a été manutentionné, en 1925, tant à l'entrée qu'à la sortie, 86.786 tonnes de marchandises pour lesquelles il a été fait 19.275 opérations.

Exploitation de l'Outillage des Ports

(Ports d'Ivry et de La Villette).

Port de raccordement d'Ivry. — Ce port est le premier établi à Paris en vue d'assurer le contact direct des voies ferrées et des voies navigables et de favoriser ainsi le développement des transports mixtes. Il relie la Seine au réseau du Chemin de Fer d'Orléans.

Il a été aménagé en 1899, avec le concours de la Chambre de Commerce qui a obtenu la concession de l'établissement et de l'exploitation de l'outillage nécessaire à la manutention des marchandises et des hangars pour les abriter.

Le trafic, qui n'était que de 27.510 tonnes en 1900, a atteint 347.000 tonnes en 1918.

Un pareil développement nécessitait l'extension des installations. La Chambre de Commerce a donc obtenu la concession de l'outillage sur un nouveau port qui doit s'étendre sur 1.200 mètres de longueur, à l'aval du précédent, entre le Pont de CONFLANS et la limite de l'Octroi de PARIS.

L'outillage du Port est des plus modernes ; il comporte quatre grues, toutes électriques, d'une puissance comprise entre 1.500 et 5.000 kilogs et un grand pont-bascule de 80.000 kilogs.

PORT DE LA VILLETTE. — La manutention des marchandises très diverses qui arrivent dans ce port se faisait en grande partie à dos d'homme, particulièrement en ce qui concerne les combustibles destinés exclusivement aux foyers domestiques lesquels nécessitent des triages et classements.

En 1923, la Chambre de Commerce, qui en avait obtenu la concession, mettait à la disposition des usagers un outillage très perfectionné, mu électriquement et consistant en quatre grues d'une puissance comprise entre 1.500 et 3.500 kilogs; fin 1926, deux nouvelles grues électriques de 1.500 kilogs seront en service.

Le trafic, qui avait atteint à peine 15.000 tonnes la première année, croissait très rapidement pour atteindre 62.000 tonnes en 1925, et dépasser 100.000 tonnes en 1926.

Principales Œuvres subventionnées

Société d'Encouragement pour le Commerce Français d'Exportation.

Fondée en 1884

Reconnue par l'État (Décret du 7 février 1921)

23, rue Notre-Dame-des-Victoires

Cette Société, qui fonctionne sous le patronage de la Chambre de Commerce, a pour but « de contribuer au développement du commerce extérieur de la France, en dirigeant sur les marchés de nos colonies et de l'étranger les jeunes Français reconnus dignes de son patronage et justifiant de connaissances commerciales ou industrielles » (Art. I des Statuts). Près d'un millier de jeunes français ont bénéficié de l'appui financier ou moral de la Société depuis sa fondation.

La création par l'État des Stages Commerciaux et Industriels à l'étranger et dans les colonies a permis à la Société d'augmenter son action. De mars 1922 à mai 1926, la Société a accordé son appui à 39 stagiaires, ainsi répartis : Angleterre 7; Espagne 5; États-Unis 13; Canada 1; République Argentine 9; Brésil 1; Tchéco-Slovaquie 1; Guadeloupe 1; Japon 1.

La plupart des stagiaires bénéficient de subventions remboursables, parfois assez élevées, et on doit dire à leur honneur que beaucoup d'entre eux n'ont pas attendu l'expiration du délai de dix ans qui leur est imparti aux termes de leurs engagements pour rembourser l'État et la Société d'Encouragement de leurs avances respectives.

Bourses de Perfectionnement Commercial et de Séjour a l'Étranger

Les Bourses de séjour à l'étranger ont été instituées par la Chambre de Commerce en 1901 en faveur des élèves diplômés de ses Écoles commerciales.

De 1901 à 1914, deux bourses de 2.400 francs ont été, chaque année, mises au concours. Interrompu de 1915 à 1919, le concours a été repris en 1920 avec une seule bourse de 4.800 francs. Depuis 1923, le concours est supprimé; le crédit voté chaque année a permis d'attribuer plusieurs bourses (9 en 1926) réparties entre les diplômés des diverses Écoles. Il est tenu compte pour leur attribution, non seulement de la moralité, des aptitudes intellectuelles et de la situation de famille des candidats, mais aussi de leurs aptitudes professionnelles et physiques.

Foire de Paris

La Foire de Paris est née en 1904 et sa première manifestation a eu lieu au Vieux Marché du Temple. Après avoir pendant 10 ans assuré le fonctionnement de la Foire dans des locaux divers, au Temple, au Grand-Palais, etc...., le Comité d'organisation demanda en 1913, à la Chambre de Commerce de Paris et au Conseil Municipal, d'assurer définitivement l'organisation de la Foire.

Ces deux Assemblées ayant accepté cette mission, la Foire de Paris élargie et transformée refit son apparition en 1917, prouvant au monde entier l'activité économique de la France en pleine guerre.

Si, en 1904, elle ne comptait que 497 exposants, dès 1917 elle en réunissait plus de 1.750, pour atteindre le chiffre de 5.500 en 1925 et 6.041 en 1926.

Universelle et Internationale, la Foire de Paris, en mai 1926, comptait 328 exposants étrangers appartenant à 19 Nations. Des délégations de 11 pays se sont rendues à Paris pour visiter la Foire et de nombreux acheteurs sont venus à peu près de toutes les régions du Monde.

Les Sections qui se sont particulièrement développées depuis la création de la Foire de Paris, sont : l'Alimentation, l'Ameublement, le Bâtiment, la Bijouterie fantaisie, le Bureau moderne, l'Électricité, la Fonderie, les Machines agricoles, la Mécanique, la Musique, le Salon des Vins, etc.

Le Président et le Trésorier de la Chambre de Commerce de Paris sont respectivement Président et Trésorier de droit du Conseil d'Administration, qui statutairement comprend, en outre, huit membres délégués de cette Compagnie.

En raison du rôle important joué par elle dans l'organisation et dans l'administration de la Foire de Paris, la Chambre de Commerce a réservé à ses Services des locaux importants dans le nouvel immeuble qu'elle vient d'édifier 23, rue Notre-Dame-des-Victoires.

Elle lui accorde, d'autre part, une large subvention qui souligne l'intérêt que le commerce et l'industrie de sa circonscription portent à cette grande manifestation annuelle.

Table

93488. — Imprimerie Lahure, 9, rue de Fleurus, à Paris. — 7-1926.